Julia Volmert – Susanne Szesny

AF287020

Und wovon träumst du?

oder: Deinen Traum halte fest,
vielleicht wird er wahr.

albarello

Wenn die fernen Sterne funkeln,
schlafen Kinder tief im Dunkeln.
Im Bett oder unter einem Baum:
Jedes hat so seinen Traum.

Jungs und Mädchen, dicke, schlanke,
lieb und frech, gesund und kranke,
fröhlich, traurig, groß und klein,
alle schlafen sie jetzt ein.

Was träumen Ritter, Prinzessin, Piraten?
Von Schätzen oder Heldentaten?
So verschieden sind Kinder, doch eines ist gleich:
Träumen darf jeder, ob arm oder reich.

Die Ritterburg liegt in tiefem Schlummer,
nur Knappe Kuno, der hat Kummer.
Leider ist er noch sehr klein,
doch wünscht er sich, ein Held zu sein.

Mit Schild und Helm schlief er heut Nacht
und hat im Traum eine Tat vollbracht.
Hat den gefährlichen Drachen gefangen.
Nun braucht keiner im Schloss mehr zu bangen.

Der König wird Kuno zum Ritter jetzt schlagen.
Denn den Drachen zu fangen, das wollt keiner wagen.
Nur Kuno, der Mutige, der hat es gemacht -
zumindest im Traum, in dieser Nacht!

Die Prinzessin fliegt im Traum
mit dem Ballon zum Himmelssaum.
Fühlt sich wie ein Vogel frei,
hat nur den kleinen Frosch dabei.

Solln die Diener sie doch suchen!
Solln sie rufen: „Es gibt Kuchen!"
Solln Prinzen und Minister warten
in dem Schlosshof und im Garten!

Sie träumt von der großen, weiten Welt.
Und dafür braucht sie nicht mal Geld.
Frei ist sie und strahlt vor Glück:
Vor morgen kommt sie nicht zurück!

Der Piratenjunge in der Hängematte
schläft gemütlich wie auf Watte.
Seine Mannschaft ist dabei:
Mäuse, Affe, Papagei.

In seinem Traum, als er so schlief,
grub er mit dem Spaten tief.
Plötzlich - rums! - er stößt auf Holz!
Die Schatzkiste! Jetzt ist er stolz!

Wie das glitzert! Gold und Ketten!
Ja, ich glaub, ich könnte wetten,
irgendwo liegt gut versteckt
der Schatz, den er im Traum entdeckt.

Das Zaubererkind war heut sehr fleißig.
Hat zaubern geübt bis achtzehn Uhr dreißig.
Es schläft jetzt, mit Zauberbuch auf seinem Kissen.
Was es gezaubert hat, möchtest du wissen?

Wie der Zaubermeister wollte es schweben.
Nur der Teppich blieb am Boden kleben.
Jetzt fliegt es mit dem Zauberteppich im Traum
über Oasen und Palmenbaum.

Tief unten glitzern, umgeben von Sand,
Paläste aus dem Morgenland.
Wüstenstädte und Zimtduft im Wind!
Voll Sehnsucht träumt das Zaubererkind.

Astronautenkind Kim und Bärchen umrunden
einen fremden Stern. Den haben sie gefunden.
Nur im Traum zwar, das ist wahr.
Doch vor ihnen war noch keiner da.

Hier gibt es unbekannte Wesen,
von denen hat man noch nie gelesen.
Sie sehen freundlich aus und winken
mit den Händen und den Zinken.

„Wir kommen als Freunde, ich und mein Bär",
sagt Kim zu den Fremden und freut sich sehr.
Als Entdecker, so träumt Kim, wird er mal bekannt
zu Hause und im fremden Land.

In einer Räuberhöhle im Wald
schläft der kleine Räuber, denn draußen ist's kalt.
Schon lange lebt er in diesem Versteck.
Wie gerne liefe er von hier weg!

Er wünschte, er wüsste mehr von der Welt.
Aber leider hat er gar kein Geld.
Die großen Räuber, die müssen stehlen
Kleidung und Essen und manchmal Juwelen.

Im Traum läuft der kleine Räuber fort.
Er kommt in einen freundlichen Ort
wo er Flöte spielt und die Menschen ihn lieben.
Dann wäre er keiner mehr von diesen Dieben!

Das Nixenkind schläft gern in Muscheln.
Da kann es gemütlich im Perlenbett kuscheln.
Hier unter Wasser schläft sie gut,
doch sonst ist sie ziemlich allein in der Flut.

Nur Krabben und Fische! Das ist doch zu dumm!
Die schwimmen immer nur stumm herum.
Das Nixenkind wünscht sich so sehr
einen richtigen Freund im tiefen Meer.

Im Traum nimmt der Taucherprinz sie bei der Hand.
Sie zeigt ihm das Meer und er ihr das Land.
Sie werden Freunde, im Traum kann das gehen,
dass Nixen und Prinzen sich verstehen.

Was du jetzt gleich träumst? Das kann ich nur raten!
Vom Weltraumflug oder Zaubergarten?
Denn träumen darf jeder, das ist doch klar.
Deinen Traum halte fest, vielleicht wird er wahr!

SUSANNE SZESNY

wurde 1965 in Dorsten geboren.
Sie studierte Visuelle Kommunikation
in Münster und hat unter anderem
bereits viele Bücher für Kinder
illustriert. Seit 1990 arbeitet sie als
freiberufliche Illustratorin und lebt
heute mit ihrem Mann und einem
Sohn in Duisburg.

JULIA VOLMERT

wurde 1965 in Warburg geboren. Sie
studierte unter anderem Visuelle
Kommunikation und hat schon viele
Bücher für Kinder geschrieben, von
denen einige auch schon in nicht
europäische Sprachen übersetzt
wurden.

Ein weiteres Bilderbuch aus unserem Verlag:

Pass auf dich auf!
Wenn dich ein Fremder anspricht!
Bärbel Spathelf (Text), Susanne Szesny (Illustration)
ab 3, 32 Seiten, 22,2 x 28,5 cm
Originalausgabe
ISBN 978-3-86559-024-4

Philip und Katharina spielen allein auf dem Spielplatz, als ein fremder Mann auftaucht.
Er will wissen, wie die Kinder heißen, und bietet an, sie nach Hause zu fahren.
Zum Glück weiß Katharina genau, dass sie niemals mit einem Fremden mitgehen darf.
Zu Hause erzählen sie sofort ihrer Mutter von dem Fremden. Und nach diesem Erlebnis
besprechen die Kinder mit ihrer Mutter, wie sie sich verhalten müssen,
damit sie nicht in Gefahr geraten.

Spätestens wenn Kinder eingeschult werden, bewegen sie sich allein in öffentlichen
Räumen. Da ist es wichtig, schon Kinder im Vorschulalter auf mögliche
Gefahren hinzuweisen und mit ihnen zu besprechen, wie sie sich
Fremden gegenüber verhalten sollen.